AF283743

EL DELEGADO

Textos a part
TEATREO PARA JOVENES

Edita: Arola Editors
1a edición: abril 2025
© del texto: Ignasi García Barba
Disseño grafico: Fèlix Arola
Imagen portada: Nuria Garay Del Barrio ©123RF.com
Impresión: Gràfiques Arrels
ISBN: 979-13-990097-8-1
Diposito legal: T 435-2025

Colección Textos a Part

Polígon Francolí, Parcel·la 3
43006 Tarragona
Tel.: 977 553 707
Fax: 902 877 365
arola@arolaeditors.com
arolaeditors.com

El delegado

Ignasi García Barba

AROLA EDITORS

A Chus, La Pelos *de esta historia. Y a todos los chicos y chicas que son víctimas de* bullying, *para que sepan que no están solos.*

EL ORIGEN DE «EL DELEGADO»

Las primeras elecciones en las que participamos y con las que empezamos a familiarizarnos con los mecanismos de la democracia tienen lugar (o deberían tener lugar) en la escuela, en las elecciones del delegado o la delegada de la clase. Se supone que debe ser el representante de sus compañeros y que defenderá sus intereses, aunque a veces sólo se utiliza por parte de algunos profesores como pregonero de sus decisiones.

Antes de llegar a la mayoría de edad voté en varias elecciones para elegir delegado/a, y también en las elecciones para elegir a los representantes de los alumnos en el Consejo Escolar. Ahora, viéndolo con la perspectiva del tiempo y la madurez, uno se da cuenta de que en momentos como estos el universo escolar se convierte en una metáfora a pequeña escala de lo que es una sociedad como la nuestra: hay candidatos dispuestos a velar por los intereses de sus compañeros (que van desde procurar que no les coincidan muchos exámenes juntos, hasta detectar casos de acoso y de *bullying*, e intervenir en ellos), y hay candidatos que sólo buscan aprovecharse de su puesto para ganarse el favor de los profesores; hay profesores y miembros de los equipos directivos que respetan el proceso electoral y se toman muy en serio el cargo de delegado; hay profesores y/o miembros de los equipos directivos a los que no les hace ninguna gracia tener que consensuar decisiones con alumnos (aunque hayan sido elegidos por sus compañeros como representantes suyos); hay incluso alumnos que intentan manipular la opinión de sus compañeros, amenazándoles si es necesario, para que salga escogido quien más les conviene. Como en el mundo de los adultos, en el que los poderes financieros, empresariales, los grupos mediáticos y otros centros de poder intentan manipular a los ciudadanos para que voten a quien a ellos les conviene, y que presionan y/o manipulan a los representantes legítimamente escogidos para que no vayan en contra de sus intereses.

En EL DELEGADO hablo de *bullying* porque conozco a gente muy cercana a la que quiero, que lo sufrió. Y quería poner mi granito de arena para animar a los chicos y chicas que lo sufren, a contarlo. A todo el mundo: a los profesores, a los padres, a los amigos, al delegado... Y animarles a hacerles frente, juntos, a aquellos que pretenden imponer su voluntad a los demás con la amenaza, la burla y el miedo. En EL DELEGADO hablo de *bullying* porque también conozco a profesores que me cuentan que a veces hay buenos chicos y chicas que dejan de lado sus responsabilidades y su buen comportamiento, para «caer bien» a los acosadores y no tener problemas con ellos, como hace Luis en esta obra. Y hablo también de esas chicas que se dejan controlar por sus parejas pensando que eso es amor, cuando sólo es una forma de posesión que las acaba esclavizando y anulando.

Pero a pesar de todo eso en EL DELEGADO también hay mucha comedia, un texto teatral puede ser ameno y divertido, incluso si trata un tema serio. Porque en EL DELEGADO también está presente la historia de Lolo, el mejor amigo de Luis, que está locamente enamorado de Jessica (que es precisamente la novia del principal acosador). Y es justamente la confianza ciega que Lolo tiene en Luis, lo que será determinante para que se dé cuenta de que debe hacer algo contra el abuso de poder que están sufriendo todos.

Hacía tiempo que le daba vueltas a la idea de escribir sobre la figura del delegado de clase, pero no encontraba cómo concretarlo y, sobre todo, cómo estructurarlo. Hasta que vi de nuevo, después de algunos años, dos películas: la primera se llama *Beckett*, de Peter Grenville -protagonizada por dos grandes actores, Richard Burton y Peter O'Toole-. Está basada en la obra teatral de Jean Anouilh *Beckett o el honor de Dios*. La segunda es *La ley del silencio*, de Elia Kazan, protagonizada por Marlon Brando y Karl Malden. En ambas películas hay personas (en la primera un rey, en la segunda un grupo mafioso) que dominan injustamente a otras personas que les tienen miedo, y uno de los protagonistas al principio les sigue el juego y ayuda a los antagonistas a tener oprimida a la gente. Hasta que se produce en ellos un cambio interior que les hace entender que deben ponerse de parte de los débiles y ayudarles a perder el miedo al dominador, para enfrentarse a él y así poder ser libres.

El delegado

PERSONAJES

Luis

Cortés

Pizarro

Valdivia —Alias «Endivia»—

Jessica

Lolo

Berta

ACTO 1

ESCENA ÚNICA

PATIO DE UN CENTRO ESCOLAR

Cortés, Pizarro y Valdivia, con aspecto de malotes, sentados en el respaldo de un banco. Cortés cuenta monedas. Valdivia teclea frenéticamente en el móvil. Alejado de ellos, Luis se está comiendo un bocadillo.

Cortés: dos, dos cincuenta, tres, tres cincuenta, ¡cuatro!

Pizarro: Con eso no tenemos ni para pipas.

Valdivia: ¿Qué dices? ¡Con eso nos podemos comprar mogollón de pipas! Y esta tarde os venís a casa a jugar con la *Play*. ¡Y nos hinchamos a pipas!

Cortés: Habrá que subirles el precio a esos pringados para poder salir al patio. Con cincuenta céntimos por barba no hacemos nada.

VALDIVIA: ¿No me habéis oído? ¡Os estoy invitando a mi casa a jugar a la *Play*! Podríais ser más agradecidos, ¿no?

PIZARRO: ¡No seas pesado, *Endivia*! ¡Ya te hemos oído!

CORTÉS: Yo paso. Esta tarde he quedado con Jessi.

VALDIVIA: Desde que tienes novia no hay quien te pille. Molaba más cuando no tenías novia.

CORTÉS, *mosqueado:* ¿Tienes algo contra Jessi?

VALDIVIA, *algo asustado:* ¿Yo? ¡Qué va, qué va!

CORTÉS: ¿Te estabas metiendo con ella?

VALDIVIA: No, qué va, qué va.

PIZARRO: Cortés, no te rayes. Que Valdivia es de los nuestros. ¿Verdad que sí?

VALDIVIA: Claro, claro. De toda la vida. No te rayes, Cortés, yo no tengo nada contra Jessica, al contrario, me mola mucho.

CORTÉS: ¿Cómo que te mola, *Endivia*? ¡Es mi chica! ¿Cómo que te mola?

PIZARRO: Tranquilo, Cortés, lo que quería decir Valdivia es que Jessica es una tía guay. ¿Verdad que es eso lo que querías decir?

VALDIVIA: Claro, claro.

CORTÉS: Pues ten cuidado con lo que dices, *Endivia*, a ver si un día la vamos a liar. Y tú, Pizarro, no lo defiendas tanto, que tiene que aprender de una vez a defenderse solo. Si no estos pringados un día nos podrían perder el respeto y no quiero que...

Se interrumpe porque una pelota cruza el escenario botando. LUIS la coge. Entra en escena LOLO, de modo que LUIS y LOLO quedan en extremos opuestos del escenario.

LOLO: Hola. ¿Me devuelves la pelota?

LUIS: Claro. Toma.

Se la lanza, pero CORTÉS es rápido y la coge al vuelo.

CORTÉS: ¡Un momento! (*a LOLO.*) ¿Cómo se piden las cosas, *pringao*?

LOLO: Por favor.

CORTÉS: Pues venga, vuelve al principio.

LOLO: No te entiendo. ¿De qué principio me hablas, adónde tengo que ir?

PIZARRO, *se ríe:* ¡Pero qué corto!

CORTÉS, VALDIVIA y PIZARRO ríen.

VALDIVIA: Yo tampoco lo he entendido. ¿De qué principio hablas?

LUIS, *a LOLO*: Lo que quiere decir es que empieces otra vez la frase y se lo pidas por favor. Con educación.

CORTÉS, PIZARRO y VALDIVIA miran a LUIS. Pausa tensa.

LOLO: Ah... ¿Por favor, serías tan amable de devolverme la pelota?

CORTÉS se dirige a LUIS con la pelota en la mano, sin hace caso a LOLO. VALDIVIA y PIZARRO van detrás de él.

CORTÉS: Tú eres Luis, el nuevo, ¿no?

LUIS, *sin acobardarse*: Sí.

CORTÉS: ¿Y sabes quién soy yo?

LUIS: Sí. Eres Cortés. Y ellos son Pizarro y Valdivia. Pero algunos lo llaman Endivia.

VALDIVIA: Eh, eh, que a mí sólo me llama Endivia, Cortés. ¡Y porque yo le dejo! A ver si te vas a creer ahora que cualquiera puede...

CORTÉS, *a VALDIVIA, interrumpiéndolo*: Cállate. (*Mirando fijamente a LUIS.*) ¿Y a ti, que sabes tanto, no te han contado las normas?

LOLO, *a CORTÉS*: Oye, que he vuelto al principio y te lo he pedido por favor, devuélveme la pelota.

CORTÉS, *a LOLO*: ¡Y tú también te callas!

VALDIVIA, *a LOLO*: ¡Eso!

LOLO: Pero si lo he pedido por favor...

PIZARRO: ¿Estás sordo o qué? Si quieres que te devolvamos la pelota, cierra la boca.

CORTÉS, *a LUIS*: Contéstame. ¿Conoces las normas o no?

LUIS: Sí. Sé que hay que respetarte. A ti y a tus amigos. Y yo no tengo intención de ofenderte, de verdad. Si he hecho algo que te haya molestado, lo siento. Sólo quería aclararle a ese chico lo que tenía que hacer, porque lo veía un poco perdido.

LOLO: Lolo. Me llamo Lolo.

CORTÉS, VALDIVIA Y PIZARRO, *a la vez*: ¡Que te calles, Lolo!

LOLO: Vale, vale.

CORTÉS, *a LUIS*: Así que sólo querías aclararle lo que yo le estaba pidiendo.

LUIS: Sí. Espero que no te haya molestado. Si te ha molestado, lo siento.

PIZARRO: Vaya... Parece que el chico sabe hablarnos con respeto.

VALDIVIA: Y también con respeto.

PIZARRO: Es lo que he dicho, idiota. Deja ya de mandar *whatsapps* con el móvil, que luego no te enteras de nada.

VALDIVIA: No mando *whatsapps*, estoy jugando a un juego. No sabía yo que el móvil de Goyo molara tanto. Si lo llego a saber se lo quito antes.

CORTÉS, *a Luis:* Ahora que lo pienso, tú no me has pagado los cincuenta céntimos por estar en el patio.

LUIS: Es que... no llevo dinero encima. Pero si quieres te doy mi bocadillo. Está muy rico, es de jamón ibérico.

PIZARRO, CORTÉS y VALDIVIA ríen.

CORTÉS: ¡El bocadillo, dice! ¡Eso sí que ha estado bien!

PIZARRO: Se nota que estás más solo que la una y tienes ganas de tener amigos.

LUIS: ¿De dónde sacas tú eso?

PIZARRO: ¡Si lo sabe todo el mundo! Sacarás muy buenas notas y todo lo que quieras, pero llegas solo, en el patio también estás solo y luego te vas solo a casa. Si eso no es estar más solo que la una...

CORTÉS: ¿Qué pasa, te gustaría ser colega nuestro? ¿Es eso?

LUIS tarda en contestar.

LUIS: ¿Os molestaría?

CORTÉS, VALDIVIA y PIZARRO se echa a reír.

CORTÉS: ¡Qué *pringao*! ¡Como si cualquiera pudiese ser colega nuestro!

PIZARRO: ¡Lo nuestro ya viene de lejos, tronco, desde educación infantil!

VALDIVIA: No, que yo llegué después.

PIZARRO: Bueno, pues desde Primero.

VALDIVIA: No, fue en Segundo.

PIZARRO: Bueno, pues eso.

Entra JESSICA en escena, viste de forma parecida a los malotes. Al verla entrar en escena, LOLO la mira enamorado pero nadie se da cuenta.

JESSICA: Hola, chicos.

CORTÉS: Hola, Jessi.

PIZARRO: ¿Qué pasa, Jessi?

VALDIVIA: ¿Qué hay, Jessi?

LOLO: ¡Hola, Jessica!

JESSICA, CORTÉS, PIZARRO y VALDIVIA lo miran, sorprendidos.

JESSICA: ¿Y a éste qué le pasa?

CORTÉS: Está ahí esperando a que le demos la pelota.

LUIS: ¿Y por qué no se la das?

CORTÉS: ¿Qué has dicho?

LUIS: Que se la des, el pobre lleva un buen rato esperando.

Silencio. CORTÉS lo mira amenazador.

CORTÉS: ¿Sabes qué te digo? ¡Que sí te voy a aceptar este bocata de jamón de bellota como pago por estar en el recreo! ¡Eso por decirme lo que tengo que hacer!

Le coge el bocadillo y lo muerde, mirando a LUIS, burlón.

CORTÉS: Y le voy a dar la pelota a ese *pringao*, sí, porque es una cutrada y paso de que me vean con esto en la mano. Toma, Pizarro, dásela, si no nos va a estar dando la brasa todo el recreo.

LOLO, *que no quiere alejarse de Jessica*: No, si a mí me da igual, puedo esperar todo el rato que haga falta. Así estoy un rato más con Jessi-... (*Rectifica rápidamente.*) Digo, con vosotros.

PIZARRO, *dándole la pelota*: Toma, anda. Lárgate. Pero como volvamos a ver tu pelota por aquí te la pinchamos, así que vete a chutarla a otra parte.

LOLO coge la pelota y se queda ahí sin moverse, obnubilado por la presencia de JESSICA.

PIZARRO: ¿No me has oído? ¡Que te largues!

LOLO sale corriendo de escena con la pelota.

CORTÉS, *a Jessica, por Luis*: ¿Sabes qué nos ha pedido éste? ¡Que seamos sus colegas! ¿Te lo puedes creer?

JESSICA: Tú eres el nuevo, ¿verdad?

LUIS: Sí. Y tú eres Jessica Fernández.

CORTÉS: A mi chica ni la nombres, ¿estamos? ¡Es mía! Si te veo mirándola o diciéndole algo te vas a enterar.

PIZARRO: Bueno, ¿qué hacemos con él?

CORTÉS: Que se largue. Total… es otro *pringao*. ¡Pero una cosa te digo: mañana, si quieres salir al patio, me vas a tener que dar cincuenta céntimos. ¿Estamos?

LUIS lo mira pero no dice nada.

CORTÉS: ¡Contesta! ¿Has entendido lo que te he dicho?

LUIS: Sí.

CORTÉS: Pues esfúmate, que ya me he cansado de verte el careto.

LUIS se va sin prisa, por el lado opuesto por donde se ha ido LOLO.

CORTÉS, *a JESSICA*: ¿Y tú por qué has tardado tanto?

JESSICA: He estado hablando con Sandra y con Deborah.

CORTÉS: ¿Seguro?

JESSICA: ¿Por qué iba a engañarte?

CORTÉS: No estarías por ahí ligando con otro, ¿no?

JESSICA: ¡Pero qué dices! Estoy contigo, ¿no? ¿Por qué tendría que hacer eso?

CORTÉS: Tú lo has dicho, estás conmigo. Y yo soy el mejor.

JESSICA, *coqueta*: Ya lo sé, tonto. Es lo que me gusta de ti.

VALDIVIA: Oye, Cortés, ¿me pasas el bocata de jamón del *pringao*? Es que me ha entrado hambre.

CORTÉS: ¿Cómo se me piden las cosas?

VALDIVIA: Tronco, que soy de la pandilla.

JESSICA: ¿Y qué, Valdivia? ¿Cómo se le piden las cosas a Cortés?

VALDIVIA: Por favor.

CORTÉS: Pues venga. Desde el principio.

VALDIVIA: ¿Qué principio?

PIZARRO: ¡Otra vez! ¡Que empieces la frase desde el principio!

VALDIVIA: ¿Qué frase?

CORTÉS: Éste no se entera de nada. Da igual, toma. (*Le da el bocadillo a* VALDIVIA. *A* JESSICA:) ¿Y de qué habéis estado hablando tanto rato Sandra, Deborah y tú?

JESSICA: De lo de las elecciones a delegado.

PIZARRO: ¿De qué elecciones hablas?

JESSICA: Eso os pasa por faltar tanto a clase. Si vinierais más os enteraríais de las cosas.

CORTÉS: Será que tú vas mucho a clase, guapa.

JESSICA: Más que vosotros, seguro que sí.

CORTÉS: Bueno, corta el rollo y cuéntanos de qué va eso de las elecciones.

JESSICA: Chusa ha dicho hoy en la tutoría que dentro de un mes va a haber elecciones para delegado de clase y que todo el mundo puede presentarse como candidato.

VALDIVIA: ¿Quién es Chusa?

PIZARRO: La tutora.

VALDIVIA: Ah, ¿pero tenemos tutora?

CORTÉS: Sí. ¡Tronco, no te enteras de nada!

VALDIVIA: No le pongo cara. ¿La conozco?

PIZARRO: ¡La *Pelos*! ¡Estás fatal, *Endivia*!

VALDIVIA: Ah, que la *Pelos* se llama Chusa. ¡Haber empezado por ahí, hombre! (*Sigue comiéndose el bocadillo.*)

CORTÉS, *a JESSICA*: ¿Y qué tiene que hacer el delegado cuando gane las elecciones?

JESSICA: Es el representante de la clase ante la tutora, con los otros profes y en las evaluaciones. Tiene que contarles las quejas y las propuestas de los compañeros, tiene que ponerse de acuerdo con los profes sobre los días de los exámenes para que no haya muchos de golpe... todo eso.

PIZARRO: ¿Y ya está? ¡Pues no mola nada!

JESSICA: ¡Ah, sí! Y también se tendría que encargar de recoger la pasta de las excursiones y del viaje de fin de curso.

CORTÉS: Un momento... ¿así que el delegado se encargaría de recoger pasta?

JESSICA: Eso ha dicho la *Pelos*. Después el delegado se lo tendría que dar a ella, claro.

CORTÉS y PIZARRO se miran con complicidad. VALDIVIA sigue comiéndose el bocadillo con fruición.

CORTÉS: ¿Estás pensando lo mismo que yo?

PIZARRO: Sí. Podríamos presentarnos a las elecciones ésas.

CORTÉS: Y si uno de los dos gana, podremos pillar la pasta y lo que haga falta. Como mandaremos, haremos lo que nos dé la gana. Será como ahora, pero yendo de legales.

PIZARRO: No es mala idea. ¿Tú qué dices, *Endivia?*

VALDIVIA, *comiendo***:** Que este bocadillo está buenísimo.

JESSICA: No creo que ganéis. Pensad que el voto es secreto, la gente puede votar a quien quiera sin que nadie se entere. Y muchos no os votarán a vosotros por lo de los cincuenta céntimos del recreo y por todo lo demás. Además, seguro que la *Pelos* y los otros profes preferirán a alguno de esos muermos empollones y aburridos que hay en la clase y no os harán buena propaganda.

PIZARRO: Eso es verdad, Cortés. Entre una cosa y otra, fijo que perderíamos. Y entonces haríamos un ridículo que no veas.

JESSICA: Pues algo hay que hacer, porque... ¿a que no sabéis quién se ha presentado ya como candidata para ser delegada?

CORTÉS: ¿Quién?

JESSICA: Berta González.

CORTÉS Y PIZARRO, *a la vez*: ¿¿Berta González??

VALDIVIA: ¿Y ésa quién es?

PIZARRO: ¡No te enteras de nada, tronco!

Entra en escena BERTA con decisión.

BERTA: Deja, yo se lo aclaro. ¡Me presento yo, Valdivia! ¡Así que prepárate! ¡Preparaos los tres!

VALDIVIA: ¡*La Semáforo*!

BERTA: ¡No! ¡Lo de llamarme *la Semáforo* se acabó! ¡Hace dos años conseguí que la gente os parara los pies y esta vez lo volveré a conseguir!

CORTÉS, *encarándose*: ¡Eso ya lo veremos, lista!

BERTA: No me das miedo, Cortés. Me diste miedo hace tiempo, sí, pero eso se acabó. Me voy a presentar a esas elecciones y, si las gano, me encargaré de que dejes de maltratar, de extorsionar y de intimidar a los compañeros. ¡Así que prepárate! (*a JESSICA.*) Y tú, Jessica, no puedo entender que te guste estar con estos impresentables.

CORTÉS: Jessica está conmigo porque quiere, nadie la obliga.

JESSICA: ¡Eso! Estoy con Cortés porque me da la gana. Así que no vengas a darme lecciones, pringada.

BERTA: ¡Si te trata como si fueras un juguete suyo que no quiere compartir con nadie! Pero tú verás. Sólo te digo una cosa, Cortés: vete preparando porque voy a acabar con tu reinado del miedo.

BERTA sale. Pausa.

CORTÉS: ¡Qué mal rollo! Si gana las elecciones y la nombran delegada se nos acabará el chollo.

JESSICA: Hay que hacer lo que sea para que no gane.

PIZARRO: Ya. Pero si no podemos presentarnos nosotros, ¿qué podemos hacer? Habrá que pensar algo.

CORTÉS, PIZARRO y JESSICA piensan. VALDIVIA se sigue comiendo el bocata.

VALDIVIA: ¡Madre mía, cómo está el jamón éste! Tendríamos que aprovechar que el *pringao* ése está más solo que la una y quiere ser colega nuestro, para pedirle que nos traiga un jamón entero de su casa.

De repente CORTÉS, PIZARRO y JESSICA miran a VALDIVIA y después se miran entre ellos.

VALDIVIA: ¿Qué pasa? ¿Qué he dicho?

CORTÉS, *a JESSICA y PIZARRO*: ¿Estáis pensando lo mismo que yo?

PIZARRO: Me parece que sí.

JESSICA: ¿En serio? ¿Se lo vais a pedir al nuevo?

VALDIVIA: ¿Qué le vamos a pedir? ¿Que nos traiga un jamón de su casa?

PIZARRO: ¡No, hombre! ¡Que se presente candidato para las elecciones a delegado de la clase!

CORTÉS: Con las ganas que tiene de que seamos su colegas, hará lo que le pidamos con tal de no quedarse solo.

PIZARRO: Y como también es un muermo de esos responsables y empollones que le molan a la gente, seguro que lo votan.

VALDIVIA, *intentando comprenderlo*: O sea... que si él gana será como si mandásemos nosotros... pero sin mandar.

CORTÉS: ¡Exacto! Porque nos encargaremos de que haga todo lo que le digamos.

JESSICA: Pero, ¿y si no quiere presentarse a las elecciones?

Pausa. CORTÉS y PIZARRO se miran.

CORTÉS: Le convenceremos. Si no lo hace por las buenas...

PIZARRO: ...lo hará por las malas.

Los cuatro chocan las manos entre ellos y salen de escena. Al poco rato, la misma pelota de antes vuelve a cruzar el escenario botando. LUIS sale por un extremo del escenario y la coge. A los pocos segundos entra LOLO por el otro extremo.

LOLO, *aliviado*: ¡Uf! ¡Menos mal que la pandilla de Cortés ya se ha ido! ¡Tenía miedo de que me cogieran la pelota y me la pincharan! Es lo que han dicho que iban a hacer...

LUIS: Tranquilo, yo no te la voy a pinchar. Toma. (*Le ofrece la pelota.*)

LOLO, *cogiéndola*: Gracias, eres un tío legal. Y gracias también por defenderme antes, cuando no me querían dar la pelota.

LUIS: No tiene importancia.

LOLO: No te creas. Por hacer lo que tú has hecho, esos le han partido la cara a más de uno.

LUIS: ¿Ah, sí?

LOLO: Será que le has caído bien a Cortés, eso está fenomenal, porque ellos son los que mandan aquí dentro.

Suena el timbre que indica el fin del recreo.

LOLO: Vaya, hay que volver ya a clase. Con las ganas que tenía yo de hablar contigo. No hemos hablado nada desde que ha empezado el curso, y eso que estamos en la misma clase.

Luis: ¿Te quieres venir esta tarde a mi casa?

Lolo: ¿Lo dices en serio?

Luis: Sí. ¿Te quieres venir o no?

Lolo piensa unos instantes.

Lolo: Vale.

Luis: Perfecto. Así me cuentas desde cuándo te gusta Jessica.

Lolo: ¿Pero qué dices? ¿De dónde sacas tú eso?

Luis: No lo niegues. Te gusta. Y mucho.

Lolo: ¿Tanto se me nota?

Luis: Sí.

Lolo: No se lo contarás a Cortés, ¿verdad? ¡Si se entera de que me gusta su chica, ese es capaz de todo!

Luis: Tranquilo. Seré una tumba. Tu secreto está a salvo conmigo.

Lolo: Gracias. Eres un amigo.

Se sonríen.

OSCURO.

ACTO 2

ESCENA 1

HABITACIÓN DE LUIS

LOLO y LUIS entran en la habitación. Hay varias maquetas. LUIS trae un montón de videojuegos.

LUIS: Pues ésta es mi habitación.

LOLO: Mola. He traído unos juegos. ¿Quieres jugar al *Monster Hunter Wilds*?

LUIS: Es que yo no juego a videojuegos.

LOLO: ¿No juegas a videojuegos?

LUIS: No. Nunca he jugado al *Monster Hunter Wilds*.

Pausa breve. LOLO lo mira como si fuese un marciano.

LOLO: ¿De verdad no juegas a videojuegos?

LUIS: No, ya te lo he dicho.

LOLO: Pero habrás jugado al *Assassin's Creed Shadows*, ¿no?

LUIS: No.

LOLO: ¿Y al *Doom: The Dark Ages*?

LUIS: Tampoco.

LOLO: ¿Y al *Kingdom come: Deliverance*?

LUIS: Qué va.

LOLO: Pero al *Grand theft auto* o al *NBA 2K* o al *Fórmula 1* o al *FIFA* sí habrás jugado, ¿no?

LUIS: ¿Vas a soltarme ahora toda la lista de juegos que hay en el mercado?

LOLO: ¿Has jugado o no?

LUIS: No.

LOLO: ¿Entonces a qué juegas en tu consola?

LUIS: Es que no tengo consola de videojuegos.

LOLO: ¿¿No??

LUIS: No.

LOLO: ¿No tienes ni la *Play Station,* ni la *Xbox*, ni la *Wii*?

LUIS: No.

LOLO: ¿Ni siquiera una *PSP* o una *DS*?

Luis: Qué va.

Lolo: Pues debes tener una vida muy aburrida.

Luis: No. Hago maquetas. Ahora estoy haciendo una del *HMS Beagle*. Es el barco donde viajó Darwin.

Lolo: ¿Y ése quién es? ¿Un jugador de la NBA?

Luis: No. Un científico. Es el que inventó la Teoría de la Evolución.

Lolo: Ah...

Luis: Bueno, ¿qué pasa con Jessica? Cuéntame, vamos. ¿Te gusta mucho?

Lolo: Pues... cuando estoy cerca de ella... no sé... siento como mariposas en el estómago y a veces... hasta me olvido de respirar. Es como si el mundo se apagara y fuera de noche y sólo ella brillara en la oscuridad.

Luis: ¡Tú estás enamorado hasta las trancas, Lolo!

Lolo: Y eso es malo, ¿verdad? Sobre todo porque es la novia de Cortés. Y como yo no soy un tío duro, ni meto miedo a nadie, ni soy tan fuerte ni estoy tan cachas como él, Jessica no se va a fijar en mí en la vida. ¡Y casi mejor! Porque si un día se fijara en mí y Cortés se diese cuenta, me pillaría por banda y me dejaría hecho papilla.

Luis: A mí me parece que lo mejor que puede hacer uno con las chicas es ser como es. Si intentas parecer otra persona, a lo mejor al principio te sale bien. Pero al final se acaba descubriendo cómo eres de verdad, no se puede disimular toda la vida. Y tú seguro que tienes cosas buenas que le pueden gustar a una chica. Incluso a Jessica.

Lolo: Eres un tío guay. No sé por qué quieres ser amigo de Cortés y su pandilla.

Luis: Porque no tengo amigos.

Lolo: Pero ahora me tienes a mí.

Luis: Bueno... sí, también. Pero no quiero que me vuelva a pasar lo que me pasó en el otro instituto.

Lolo: ¿Qué te pasó?

Luis: Prefiero no hablar de eso.

Lolo: Pero yo te he contado lo de Jessica.

Luis: Ya. Y estate tranquilo, entre estas cuatro paredes puedes contarme lo que sea, que Cortés no se va a enterar. Él aquí no va a venir en la vida.

Entran Cortés, Pizarro, Valdivia y Jessica. Valdivia come un trozo de bizcocho.

Cortés: Vaya, vaya... Así que ésta es tu choza. No está mal.

PIZARRO, *burlón:* No habremos interrumpido nada importante, ¿verdad?

LUIS: ¿Qué hacéis aquí? ¿Cómo habéis entrado?

VALDIVIA: Por la puerta.

CORTÉS: Tu madre nos ha abierto. Una señora muy simpática, sí señor. Le hemos dicho que somos colegas tuyos y por poco se nos come a besos. ¡Se nota que estás más solo que la una y que quiere que tengas amigos!

JESSICA, CORTÉS, PIZARRO y VALDIVIA ríen. LOLO mira prendado a JESSICA desde que ha entrado.

VALDIVIA: Tu madre me ha dado un trozo de este bizcocho, dice que lo hace ella misma. ¡Está riquísimo! Mañana tráenos uno entero a clase o te partimos la cara.

PIZARRO le da disimuladamente un codazo.

CORTÉS: ¡No, hombre! Si vamos a venir aquí a menudo... Bueno, si el *pring-...* (*Rectifica rápidamente.*) si Luis nos invita a su casa, que es lo que a nosotros nos molaría.

PIZARRO: Ya lo creo. Si es que todavía quieres ser nuestro colega, claro. Porque espero que tu oferta de ser colegas siga en pie.

JESSICA: ¿Qué es todo esto? ¿Maquetas?

LOLO, *haciéndose el interesante*: Sí. Ahora está preparando la del *H&M Beatle,* el barco donde viajó Darwin, ya sabes, el que inventó la Teoría de la... (*No le sale.*) de la... (*No le sale.*) bueno, una teoría muy importante.

JESSICA: No te lo preguntaba a ti, *atontao*, se lo preguntaba a Luis.

LOLO: Ah... (*Se va a un extremo del escenario, encandilado, hablando para sí mismo.*) Me ha hablado... Jessica me ha hablado...

LUIS: Sí, son maquetas. ¿De verdad estáis aquí porque queréis que seamos amigos?

CORTÉS: Claro que sí. Nos pareces un tío legal del que podemos fiarnos. Por eso te queremos hacer una propuesta.

LUIS: ¿Qué propuesta?

PIZARRO, *por LOLO*: Mejor a solas. Esto es cosa de mayores.

LOLO: Pero si vamos a la misma clase.

VALDIVIA: ¿Ah, sí? ¿Lolo va a nuestra misma clase?

JESSICA: Claro, si tuvieras dos ojos en la cara y no faltaras tanto, lo sabrías.

LOLO: ¿Eso significa que tú sí te has fijado en que yo estoy en tu clase?

JESSICA: Claro, *alelao*. Habría que estar ciego para no darse cuenta.

LOLO: Ah... (*Se va a un extremo del escenario, encandilado, hablando para sí mismo.*) Se ha fijado en mí... Sabe que estoy en su clase...

CORTÉS: ¡Que te pires, Lolo! Queremos hablar a solas con Luis.

LOLO, *que no quiere alejarse de JESSICA*: Oye, que yo me siento aquí en un rincón sin decir ni mu y no molesto, ¿eh? Ni me vais a notar.

JESSICA: ¡Que te largues!

LOLO: Bueno, si me lo pides tú...

Se va.

CORTÉS, *a LUIS*: Y ahora, la propuesta: Queremos que te presentes a las elecciones para ser delegado de clase.

LUIS: ¿Yo? ¿Por qué?

PIZARRO: Porque queremos a un tío responsable que nos represente a todos los alumnos ante los profesores, que hacen con nosotros lo que les da la gana; alguien que sepa defender los derechos de todos los pringados de la clase y que nos defienda de los abusos y proteste contra las injusticias...

LUIS escucha atentamente a PIZARRO. Sin que él lo vea, CORTÉS y JESSICA se parten de risa en silencio por el «teatrillo» que le está echando PIZARRO.

PIZARRO: ...y tú eres esa persona, *pring-*... (*Rectifica rápidamente.*) digo, Luis.

CORTÉS: Si lo haces serás nuestro colega. Uno más de la pandilla. Y no volverás a estar solo, porque para nosotros la pandilla es lo más importante, lo es todo, somos como una familia. Si se meten contigo te defenderemos.

VALDIVIA: Y si te metes con alguien nosotros también nos meteremos con él y le...

PIZARRO le da un codazo para que se calle.

VALDIVIA: ¿Qué pasa? ¿Qué he dicho?

JESSICA: Nada, tú sigue comiéndote el bizcocho, Valdivia, que calladito estás más guapo.

VALDIVIA: ¿En serio? (*A CORTÉS y PIZARRO.*) ¿Estoy más guapo cuando estoy callado? Nunca me había fijado. Tendré que mirarme al espejo cuando esté callado, a ver si es verdad...

CORTÉS: Bueno Luis, ¿qué dices? ¿Te presentarás a las elecciones ésas para ser delegado?

LUIS: ¿Y por qué no os presentáis vosotros?

JESSICA, CORTÉS y PIZARRO se miran. VALDIVIA sigue comiéndose el bizcocho, pensativo.

JESSICA: Porque... porque nosotros no sacamos unas notas tan buenas como tú y... y necesitamos mucho más tiempo para estudiar, si no queremos suspender.

PIZARRO: ¡Eso! No tendríamos tiempo para dedicarlo a las responsabilidades de ser delegado. Ya sabes, reuniones con el tutor, hablar con los compañeros de clase para saber sus problemas, sus sugerencias y sus quejas, organizar el calendario de exámenes con los profes... todo eso.

CORTÉS: En cambio como a ti se te da más fácil lo de estudiar, tendrías más tiempo para hacer todas esas cosas. ¿Qué dices? ¿Te vas a presentar?

LUIS: No sé... es que así, de repente...

VALDIVIA: ¡Pues decídete ya y di que sí de una vez, que no queremos que gane la plasta de *la Semáforo*!

CORTÉS: ¿Quieres cerrar la boca de una vez?

LUIS: ¿Quién es *la Semáforo*?

PIZARRO: Nadie, tú a este ni caso, Valdivia está fatal.

Luis: Pero ha dicho que no sé qué de *la Semáforo*. Que no queréis que gane, o algo así...

Jessica: Lo que ha querido decir es que... es que... no quiere que los profes nos pongan un semáforo a los alumnos y nos obliguen a hacer cosas que no queremos hacer, por no tener un delegado que nos defienda.

Cortés: ¡Eso! (*Le hace al Jessica el gesto de «ok», por haber reaccionado tan rápido y tan bien.*) ¡Eso es exactamente lo que quería decir el Endivia!

Valdivia: ¿Ah, sí?

Luis: O sea... que si me presento a las elecciones para delegado... seremos colegas.

Pizarro: ¡Exacto! Y no volveremos a meternos contigo.

Jessica: Porque serás uno más de la pandilla.

Luis: ¿Y si no gano?

Pizarro, Valdivia, Jessica y Cortés se miran unos instantes y de repente empiezan a reír a carcajadas.

Cortés: Ganarás, te lo aseguro. Nosotros nos encargaremos. Nosotros te ayudaremos a llegar a lo más alto. Pero cuando estés ahí, cuando seas delegado, acuérdate de que la pandilla es lo más importante.

Sí, tendrás que acordarte de nosotros...y hacer caso de nuestros consejos. ¿Ves por dónde voy?

Luis: Me parece que sí.

Pizarro: Y si te decimos que le pidas a la tutora la llave de su despacho, tú se la pides.

Valdivia: Y si ves que les pedimos a algunos cincuenta céntimos por estar en el patio, tú miras para otro lado.

Cortés: Y si alguno se lleva un guantazo o le desaparece algo de la mochila o lo que sea que le hagamos y se quiere chivar a los profes, tú te encargas de decirle que no lo haga.

Pizarro: O le dices que ya lo harás tú, pero después no lo haces.

Jessica: Cortés, habría que poner un poco el freno con todo eso, ¿no?

Cortés: ¿Por qué?

Jessica: Es que a veces a mí... cuando os veo hacer esas cosas... me da no sé qué. Me siento un poco mal.

Cortés: A ver, Jessi, ¿tú quieres seguir siendo la chica del que manda aquí, sí o no?

Jessica: Sí...

CORTÉS: ¿Y que las otras chicas te miren con envidia por estar conmigo?

JESSICA: Sí...

CORTÉS: ¿Te trato bien o no?

JESSICA: A veces me gustaría que me dijeses cosas bonitas...

CORTÉS: ¡Chorradas! ¡Eso es para nenazas! Pero a lo que iba: si te mola ser mi chica, entonces ni se te ocurra discutirme lo que hago. Porque si hago lo que hago es para que la gente me respete. Si yo dejara de hacer todas esas cosas que (*burlón*) dices que «te dan no sé qué»... la gente me perdería el respeto. Y ni tú, ni Pizarro ni Valdivia querríais eso, ¿verdad? Porque si me pierden el respeto a mí, también os lo pierden a vosotros. (*Le pone amistosamente la mano en la espalda a Luis.*) Y tampoco queremos que se lo pierdan a Luis, si ahora pasa a ser uno de los nuestros. (*Lo mira, serio.*) Porque tú quieres ser uno de los nuestros, ¿verdad? Te presentarás a esas elecciones para ser uno de los nuestros, ¿a que sí?

LUIS los mira uno a uno sin contestar. Pausa llena de expectación. CORTÉS, PIZARRO, VALDIVIA y JESSICA, pendientes de su respuesta.

LUIS: Sí. Me presentaré a las elecciones para delegado.

CORTÉS, *le da palmadas en la espalda*: ¡Sí, señor! Así se habla.

PIZARRO, *le da palmadas en la espalda*: ¡Bienvenido a la pandilla!

VALDIVIA, *le da palmadas en la espalda*: ¡No te vas a arrepentir!

JESSICA: Has sido un chico listo.

Le da un beso en la mejilla a LUIS.

CORTÉS, *mosqueado*: ¿Qué haces, Jessi?

Silencio tenso. LUIS, VALDIVIA y PIZARRO, pendientes de CORTÉS y JESSICA.

CORTÉS: Te he hecho una pregunta. ¿Por qué le has dado un beso?

JESSICA: Sólo ha sido un beso en la mejilla, para darle la bienvenida a la pandilla.

CORTÉS: Tú los besos sólo me los das a mí, ¿queda claro, Jessi?

JESSICA, *protestando*: Pero si...

CORTÉS, *mosqueado, interrumpiéndola*: ¿¿Queda claro??

Se miran. Pausa breve.

JESSICA: Sí.

CORTÉS, *a Luis*: Que te quede claro a ti también. Jessica es mía y de nadie más. ¿Estamos? Si no, vas a tener problemas.

LUIS: Tranquilo, me ha quedado clarísimo.

CORTÉS, *poniéndole de nuevo la mano en la espalda*: Así me gusta. Y ahora... ¡vamos a decirle a la tutora que te presentas a las elecciones para ser delegado!

Salen los cuatro.

OSCURO.

ESCENA 2

ESCENARIO DEL SALÓN DE ACTOS

Hay un atril en cada extremo del escenario. LUIS estudia su discurso en una hoja de papel. Llega LOLO por detrás y lo asusta.

LOLO: ¡Uh!

LUIS da un respingo.

LUIS: ¡Lolo! Qué susto me has dado.

LOLO: ¿Estás nervioso?

LUIS: Sí. Bastante. Nunca he dado un discurso, y menos para convencer a los compañeros de que me voten. (*Por el papel que tiene en la mano.*) Lo estoy repasando para no tener que mirar mucho el papel.

LOLO: Quiero que sepas que yo te voy a votar.

LUIS: Gracias.

LUIS, nervioso, sigue repasando el discurso. LOLO mira el papel por encima del hombro de LUIS.

LOLO: ¡Madre mía, menuda falta de ortografía hay ahí!

LUIS: ¿Dónde?

LOLO: ¡Ahí! ¡No me puedo creer que tú hayas hecho una falta así! ¡Has escrito «excursiones» sin hache y sin acento.

LUIS: Es que va sin hache y sin acento.

Se miran.

LOLO: ¿Seguro?

LUIS: Sí, Lolo. El singular, «excursión», sí lleva acento. Pero el plural no. Y va sin hache.

LOLO: Jo, si es que no me entran las cosas. Como en el examen ése de Geo en el que puse que el Sáhara está en Pontevedra. Quería poner Polinesia y al final, con los nervios, puse Pontevedra.

LUIS: Es que el Sáhara no está ni en Polinesia ni en Pontevedra, Lolo. Está en África.

Se miran.

LOLO: ¿Seguro?

LUIS: Sí, Lolo. El Sáhara está en África.

LOLO: Bueno, dejemos el tema. Oye, ¿así ahora eres colega de Cortés y su pandilla?

LUIS: Sí. ¿Te molesta?

LOLO: Si consigues que no se metan conmigo, no.

LUIS: Haré lo que pueda, te lo prometo. Oye, ¿no tendrás por ahí una botella de agua? Les he dicho a los de la pandilla que me trajeran una, pero están tardando mucho.

LOLO: ¿Así que harás como los políticos que salen por la tele? ¿Vas a beber agua durante tu discurso?

LUIS: No sé... Yo tengo sed ahora.

LOLO: Oye, ahora que estás en la pandilla de Cortés, ¿puedo pedirte otro favor, además de encargarte de que no se metan conmigo?

LUIS: ¿Cuál?

LOLO: ¿Podrías hacer que Jessica se fije en mí?

Justo cuando LOLO dice eso, JESSICA entra en escena desde la parte trasera del escenario con una botellita de agua. Se detiene a escuchar a LOLO, sorprendida. Ni LUIS ni LOLO se dan cuenta de su presencia, y siguen hablando.

LUIS: ¿Te sigue gustando?

LOLO: Mucho. ¿Qué quieres que haga? Intento quitármela de la cabeza como puedo, porque sé que no es para mí. No soy su tipo, yo no soy un tío duro como Cortés. Pero entonces la veo... y vuelvo a sentir mariposas en el estómago. Y vuelvo a olvidarme de respirar... y el mundo vuelve a apagarse como si fuera de noche y sólo ella brilla en la oscuridad.

JESSICA lo escucha, cada vez más encandilada. LOLO y LUIS siguen sin percatarse de su presencia.

LUIS: Lolo, como somos amigos y no quiero que sufras... te voy a ser sincero: tendrías que olvidarte de Jessica. Estando Cortés por medio, no tienes nada que hacer.

LOLO: ¿Te crees que no lo sé? Pero es que ella... es como el aire que respiro. Saber que existe... sólo eso... me da ganas de vivir... Pensarás que soy idiota.

LUIS: No. Lo que pienso es que eres una buena persona. Estoy orgulloso de que seas mi amigo.

Se dan un abrazo. JESSICA, sin que ellos la vean, vuelve a salir del escenario por donde había entrado.

JESSICA, *desde fuera del escenario*: ¡Luis! ¿Dónde estás?

LUIS: ¡Aquí, Jessica, en el escenario!

LOLO, *a LUIS, en tono confidencial*: ¡Uf! ¡Menos mal que no ha escuchado lo que te he dicho! ¡Si no, me muero de vergüenza!

Entra JESSICA con la botella de agua, como si no hubiera escuchado nada. Pero durante el siguiente diálogo vemos que está impresionada por lo que Lolo ha dicho de ella, aunque intente disimularlo.

Jessica: Toma Luis, el agua que habías pedido. (*Mira a Lolo, indecisa.*) Hola, *pring-* ... (*rectifica*) digo, Lolo.

Lolo, *alucinado***:** ¿Me estás saludando a mí?

Jessica: Claro. ¿Hay algún otro Lolo en este escenario?

Lolo: No. (*Tímido.*) Te... te queda muy bien el peinado que llevas hoy.

Jessica: Si es el de siempre.

Lolo: Ya. Pero te sienta bien.

Jessica: Ah... Pues... gracias. A ti también te queda bien la camiseta que llevas.

Lolo: Gracias. Yo no te digo que es la de siempre, porque pensarías que soy un guarro.

Los dos se ríen tontamente del comentario y se miran en silencio. Entra CORTÉS. Al verlo, JESSICA se pone seria y se aleja de LOLO. LOLO disimula. CORTÉS va junto a LUIS y le pone la mano en la espalda.

Cortés: ¿Cómo está mi campeón? ¡A por ella, Luis! ¡Machaca a la *Semáf-* (*Rectifica a tiempo.*) ...quiero decir, a Berta!

Luis: Bueno... cada uno dará su discurso. Espero que el mío convenza más a los compañeros.

Cortés: ¡Les convencerá! ¡Te lo digo yo! ¡Nosotros nos encargamos! ¿Necesitas algo?

Luis: Sí. ¿Me podríais dejar solo? Así podré concentrarme mejor en mi discurso.

Cortés: Claro... lo que tú digas. Somos una pandilla y estamos para ayudarnos. Hoy por ti y mañana por mí, no lo olvides. (*A Jessica y Lolo.*) Venga, todos fuera, dejad solo a nuestro futuro delegado. (*Por Lolo.*) ¡Y eso también va por ti, *pringao*!

Cortés y Jessica se van por un lado del escenario y Lolo se va por otro. Pero antes de salir Jessica le dedica a Lolo una mirada, sin que Cortés se dé cuenta. Una vez solo, Luis pasea cerca de su atril repasando su discurso.

Al cabo de un rato entra Berta con la hoja de su discurso y se sorprende al encontrar ya a Luis allí. Se miran en silencio.

Berta, *seria*: Hola, Luis

Luis, *serio*: Hola, Berta.

Siguen mirándose en silencio. Finalmente se ponen a repasar su discurso. De repente Berta le habla mirándolo fijamente.

Berta: ¿Por qué haces esto?

Luis: ¿Qué quieres decir? ¿Presentarme a las elecciones? Porque creo que puedo ayudar a mis compañeros siendo delegado.

BERTA: No intentes engañarme, Luis. Sé que detrás de ti están Cortés y su pandilla. Y sé también que si ganas los que mandarán serán ellos, no tú.

LUIS: ¡Eso es mentira!

BERTA: No. Eso es verdad. Y lo sabes tan bien como yo porque eres un chico inteligente. Por eso no entiendo por qué les sigues el juego a esos impresentables.

LUIS: Déjame en paz.

BERTA: ¿Por qué lo haces? ¿Por qué vas a permitir que sigan haciendo lo que les da la gana y comportándose como si fueran los reyes del mundo?

LUIS: ¡No es asunto tuyo!

BERTA: ¡Sí lo es! ¡Si tú ganas estas elecciones serás también mi delegado! ¡La persona que se supone que me va a representar y que me defenderá cuando haga falta! ¡Tengo derecho a saber por qué le sigues el juego a Cortés!

LUIS, *estallando***:** ¡Porque antes conocí a otro como él y quiero que me dejen tranquilo! ¿Contenta?

Pausa.

LUIS: Éste es el segundo instituto al que voy. En el primero estaban mis amigos de toda la vida. ¡Todos! Pero uno empezó a creerse mejor que los demás. Un tal

Aguirre, uno como Cortés. Montó una pandilla con más gente, que hacía todo lo que él les decía. Una pandilla como la de Cortés. Empezaron a meterse conmigo. Me robaban, se burlaban de mí, me insultaban... Amenazaron con hacerme daño si contaba algo. Y mis amigos no me ayudaban porque les tenían miedo. Así que cuando no pude más, les pedí a mis padres que me cambiaran de instituto. ¡Y me cambié hasta de ciudad! Pero me prometí a mí mismo que eso no me volvería a pasar. Que si se volvía a cruzar otro Aguirre en mi vida, me haría amigo suyo para que no volvieran a meterse conmigo, ni yo volviera a sentirme solo. ¡Y todo lo demás me da igual!

Se miran en silencio.

BERTA: Luis, entiendo lo mucho que has sufrido, pero...

De repente un foco ilumina el atril de BERTA. CORTÉS, PIZARRO y VALDIVIA hacen acto de presencia en el patio de butacas entre el público, jaleando.

CORTÉS: ¡Compañeros y compañeras! ¡Aquí tenemos a nuestros dos candidatos para el puesto de delegado!

PIZARRO: ¡Que cada uno diga lo que tenga que decir y después... todos a votar!

VALDIVIA: ¡Eso! ¡Y que gane el mejor, que seguro que será Luis!

Durante el siguiente discurso de Berta, CORTÉS, VAL-DIVIA y PIZARRO pasean entre el público abucheando de vez en cuando a Berta y amenazando a los espectadores en voz baja.» A ésta no la votes, ¿queda claro?», «Vota a Luis o te vas a enterar», «Como me entere de que has votado a la Semáforo te vas a enterar», etc. JESSICA también está entre el público, pero escucha a BERTA sin decidirse a intervenir en su contra ni a fomentar que los espectadores lo hagan.

BERTA: Compañeros y Compañeras, todos me conocéis. Soy Berta González. Me presento para ser delegada porque creo que los alumnos somos futuros ciudadanos que tenemos que aprender a convivir en libertad y con respeto mutuo ya aquí, en nuestro período de aprendizaje. Todos tenemos unos derechos y unos deberes. Y cuanto antes aprendamos a vivir en sociedad de acuerdo con ellos, mejor. Como delegada, no voy a olvidar en ningún momento que soy vuestra representante, que vosotros me habéis dado vuestra confianza al votarme. Y defenderé con toda mi ilusión y con todo mi esfuerzo los principios de los que os he hablado en este discurso.

CORTÉS, VALDIVIA y PIZARRO abuchean a BERTA e invitan a los espectadores a abuchearla también. CORTÉS ve que JESSICA se ha quedado pensativa tras las palabras de BERTA, sin hacer nada.

CORTÉS: ¡Vamos, Jessi, tú también! ¿A qué esperas?

JESSICA, para no llevarle la contraria, empieza también a abuchear a Berta, pero sin entusiasmo ni convicción.

CORTES: ¡Y ahora que hable Luis!

PIZARRO: Sí, que hable Luis

CORTÉS, PIZARRO, VALDIVIA Y JESSICA, *al mismo tiempo*: ¡Que hable Luis, que hable Luis, que hable Luis!

LUIS: Compañeros y Compañeras, todos me conocéis. Soy Luis Hidalgo.

Durante el siguiente discurso de Luis, CORTÉS, VALDIVIA y PIZARRO aplauden y gritan «Bravo» de vez en cuando, invitando al público a que también lo haga, y también amenazan a los espectadores en voz baja —«Si no votáis a Luis os vais a arrepentir» «Como Luis no gane os vais a enterar» «Vota a Luis.», etc.—. JESSICA sí aplaude y grita «Bravo» pero no participa en las amenazas.

LUIS: Me presento a delegado porque yo sé lo que os conviene. Porque sabré aconsejaros qué es lo mejor en cada momento. Yo he pasado por muchas de las cosas por las que vosotros también habéis pasado y os entiendo mejor que nadie. Para empezar, pasamos muchas horas en clase, así que pediré asientos más cómodos y que nos pongan más excursiones, porque estar aquí encerrados todo el día es inhumano.

CORTÉS: ¡Sí, es inhumano!

PIZARRO: ¡Mogollón de inhumano!

VALDIVIA: ¡Inhumano a tope!

LUIS: Yo sufro por estar aquí encerrado tantas horas, igual que vosotros. Y sufro el abuso de los profesores a los que no les importa que se nos acumulen los exámenes en un mismo día. Y les pediré que alarguen el recreo. ¡Así que votadme!

CORTÉS se acerca a LUIS y le habla en voz baja.

CORTÉS: Te olvidas de la fiesta. Diles lo de la fiesta.

LUIS: Ah, sí. (*Al público.*) ¡Y si gano, organizaré una fiesta en el patio con comida, bebida y música en directo, con cantantes de rap y reggaeton!

CORTÉS, VALDIVIA y PIZARRO aplauden y gritan «Bravo» «Fantástico» «Eres el mejor», etc, invitando al público a aplaudir y a gritar también. JESSICA les imita, pero sin entusiasmo.

VALDIVIA, *a CORTÉS, en tono confidencial*: ¿De verdad el *pringao* conoce a cantantes de rap y reggaeton?

CORTÉS, *en tono confidencial*: No. Pero cuando estos se enteren ya habrán votado al *pringao* y será delegado. Y ya no podrán hacer nada.

PIZARRO: ¡Qué listo eres!

CORTÉS: Claro, por eso soy el jefe. (*Al público.*) Y ahora... ¡¡todos a votar!!

Luces y música estridente. Mientras suena la música, CORTÉS, PIZARRO, VALDIVIA y JESSICA se pasean por el patio de butacas repartiendo a los espectadores papeletas que dan el voto a Luis, y lanzándolas también al aire. Cuando se terminan las papeletas, suben al escenario y desaparecen entre bambalinas. Justo en ese momento la música y las luces estridentes desaparecen.

Pausa. BERTA y LUIS, desde sus respectivos atriles, se miran en silencio. De repente entra LOLO con una urna llena de papeletas.

LOLO: ¡La urna! ¡Traigo la urna con los votos! ¡Vamos a ver quién ha ganado! La abro y empiezo a contar, ¿vale?

LOLO empieza a contar, entusiasmado.

BERTA: Luis, mientras Lolo cuenta los votos quiero hablar contigo. Ven. (*Se lo lleva al proscenio.*) Hace un par de años Cortés, Pizarro y Valdivia la tomaron conmigo. Empezaron a llamarme *Semáforo* porque en la clase de Educación Física me ponía roja como un tomate al hacer ejercicio. Después empezaron a ponerme la zancadilla en los pasillos, a tirarme los libros al suelo, a rayarme los apuntes. Y nadie hacía nada, porque les tenían miedo. Igual que tus amigos, que le tenían miedo a ese tal Aguirre del que me hablabas. No te voy a contar lo que me hicieron, porque te aburriría y no terminaría nunca. Sólo te diré una cosa: estuve a punto de rendirme pero no lo hice. Di la cara: me enfrenté a ellos. Hablé con mis padres y con los profesores. Hablé con mis amigos y les convencí de que si permanecíamos juntos y les demostrábamos que no les teníamos miedo, podríamos mantenerlos a raya. ¿Sabes por qué ahora Cortés y su pandilla me siguen llamando *la Semáforo*? Porque les paré los pies y dejaron de molestarnos. Pero este curso hay mucha gente nueva en clase y ellos han conseguido asustarlos para volver otra vez a las andadas. Espero que tú si sales elegido, sepas escoger bien tu bando.

Lolo, *que ha terminado de contar los votos, entusiasmado*: ¡Luis! ¡Has ganado! ¡Eres el delegado!

Cortés, Valdivia y Pizarro salen al escenario, contentos.

Cortés: ¡Felicidades, Luis! ¡Sabía que lo conseguirías! ¡Eres un campeón! Ahora, recuerda nuestro trato. ¿Estás con nosotros, delegado?

Le ofrece la mano a LUIS para que se la estreche. LUIS duda. Expectación en el resto. Finalmente LUIS le estrecha la mano.

LUIS: Claro.

BERTA, enfadada y decepcionada, sale de escena. CORTÉS, PIZARRO y VALDIVIA le dan palmadas en la espalda a LUIS, satisfechos.

OSCURO.

ACTO 3

ESCENA ÚNICA

PATIO DEL CENTRO ESCOLAR

CORTÉS, PIZARRO y VALDIVIA sentados en el respaldo del banco. LUIS, sentado en el banco con una caja metálica para guardar dinero.

CORTÉS: Bueno, Luis, ¿te queda claro lo que vamos a hacer?

LUIS: Creo que sí.

PIZARRO: Es fácil, cuando ya hayan pagado todos los *pringaos*, dejas la caja en el despacho de la tutora con toda la pasta dentro, tal como te dijo ella, y entonces vamos nosotros y...

VALDIVIA: ¡Y le pegamos!

CORTÉS: No, *Endivia*. En esta vida no todo se soluciona a golpes. Esto de hoy será un trabajo fino.

Luis: Pero es mucho dinero. Es el viaje de fin de curso. Hay padres que han hecho muchos sacrificios para que sus hijos puedan ir.

Cortés: ¿Y qué? Eso no es nuestro problema.

Luis: ¿Cómo pensáis entrar en el despacho de la tutora?

Pizarro: ¿Cómo va a ser? Con la llave.

Le enseñan una llave. Cortés, Pizarro y Valdivia se ríen.

Luis: ¿De dónde la habéis sacado?

Cortés: ¿Te acuerdas cuando te pedimos la llave del despacho de la tutora?

Luis: Sí. Para robar el examen. (*Sintiéndose culpable.*) Le dije que era para dejarle la lista de las faltas de asistencia y ella se lo creyó.

Cortés: Fue facilísimo. Nos llevamos solo un examen, lo fotocopiamos y luego lo devolvimos a su sitio. La *Pelos* no sospechó nada y nosotros pudimos aprobar.

Valdivia: Yo no.

Pizarro: Bueno, es que lo tuyo es muy fuerte. Tú no aprobarías ni con una chuleta en 3D tamaño folio.

Luis: ¿Pero cómo puede ser que tengáis la llave? Yo se la devolví a la tutora.

CORTÉS: Porque cuando fuimos a fotocopiar el examen aproveché para hacer una copia. ¿A que soy un genio?

CORTÉS, VALDIVIA y PIZARRO ríen. LUIS permanece serio.

CORTÉS: Así que no me falles y cumple con tu parte, delegado: vas al despacho de la *Pelos,* justo antes de irte a la junta de evaluación con ella. La *Pelos* dejará la caja en el despacho para no tener que cargar con ella en la Junta...

PIZARRO: ...y si quiere llevarse la caja a la Junta de evaluación tú la convences para que la deje en el despacho. Lo tendrás muy fácil, como le caes tan bien y te ve tan responsable... seguro que te hace caso.

CORTÉS: Y mientras estáis en la Junta de evaluación con todos los profes, nosotros entramos con nuestra copia de la llave y nos llevamos la pasta del viaje de fin de curso.

PIZARRO: A ti no te podrán culpar, porque estarás con ella en la Junta de evaluación.

LUIS: Pero buscarán culpables, a alguien tendrán que acusar...

PIZARRO: Ya lo hemos pensado y tenemos la solución.

VALDIVIA: ¿Ah, sí?

PIZARRO: Sí, lo que pasa es que estabas jugando con la PSP que le hemos quitado a Soldevilla y no has escuchado.

CORTÉS, *a LUIS***:** Meteremos la llave en el pupitre de *la Semáforo*.

LUIS: ¿Queréis culpar a Berta?

CORTÉS: Sí, así la expulsarán y nos la quitaremos de encima. Luego quedamos en tu casa y nos repartimos la pasta.

VALDIVIA: O sea, que tenemos que encerrar a la *Pelos* en su despacho, entrar en la Junta de Evaluación, llevarnos la llave y dejar la pasta en el pupitre de *la Semáforo*.

CORTÉS: ¡No, *Endivia*! Tenemos que... (*Desiste de contárselo.*) Tú ven con nosotros y ya lo verás sobre la marcha.

VALDIVIA: Vale.

CORTÉS: No nos falles, ¿eh, Luis? Tengo que irme, Jessi está haciendo un examen de recuperación y he quedado en ir a buscarla a la salida. Volveremos en un rato para ver si todo el mundo ha pagado ya el viaje. El plazo está a punto de terminar, los que aún no han pagado tendrán que ponerse las pilas.

CORTÉS, VALDIVIA y PIZARRO se van. LUIS se frota la cara con la mano, desesperado. Llega LOLO corriendo.

LOLO: ¡Luis! ¡Menos mal que te encuentro! ¡Pensaba que no llegaba a tiempo!

LUIS: ¿A tiempo de qué?

LOLO: De pagar el viaje de fin de curso. Toma el dinero.

Le da un sobre. LUIS lo mira, apurado, sin cogerlo.

LOLO: ¿Qué pasa? ¿Por qué no lo coges? Mis padres llevan haciendo horas extra un montón de meses para poder pagármelo. Si no puedo ir al viaje porque se me pasa el plazo, a los pobres les da algo.

LUIS: Lolo... ¿tú de verdad quieres hacer este viaje? Mira que en esta época en Roma hace mucho calor.

LOLO: A mí me da igual. Yo quiero ir a Roma.

LUIS: ¡Pero si casi todo lo que vais a ver está en ruinas!

LOLO: A mí me da igual. Yo quiero ir a Roma. Vamos, coge el dinero.

LUIS, *sin cogerlo***:** Si vas, tendrás que patearte la ciudad de un lado a otro escuchando las explicaciones de los profes, que serán aburridísimas. Yo de ti no iría, gástate el dinero en otra cosa.

Lolo: Es que yo quiero ir a Roma. Nunca he estado en Francia.

Pausa. Se miran.

Luis: Lolo, Roma está en Italia.

Pausa. Se miran.

Lolo: ¿Seguro?

Luis: Sí, es la capital.

Lolo: Bueno, tampoco he estado en Italia. Así que coge el dinero. *(Luis no lo coge.)* ¡Vamos, hombre, que se acaba el plazo para pagar el viaje!

Luis, *sin cogerlo*: Verás, Lolo. Es que... es que... resulta que...

Entra BERTA y le da un sobre a LUIS.

Berta: Toma. Lo del viaje. Apúntame en la lista.

Luis: ¿Tú también vas al viaje de fin de curso?

Berta: ¿Por qué no tendría que ir?

Lolo: Luis dice que hará mucho calor, que todo está en ruinas y que los profes nos harán patear la ciudad de un lado a otro, escuchando sus explicaciones, que serán aburridísimas

Berta, *a LUIS*: Pues pienso ir aunque no te guste.

Luis: ¿Y por qué no tendría que gustarme?

Berta: Porque sabes perfectamente que no me ha gustado nada de lo que has hecho como delegado desde que ganaste las elecciones. Y no soportarás tenerme a tu lado.

Lolo: Lo que pasa es que eres una envidiosa y dices eso porque te habría gustado ganarlas a ti.

Berta: No. Si él hubiese hecho las cosas bien, yo estaría encantada de que fuera nuestro delegado. Pero no lo ha hecho bien y él sabe por qué lo digo.

Lolo, *a LUIS*: ¿Por qué lo dice?

Luis: Ahora no estamos hablando de eso. Lo que quiero es que me hagáis caso y os olvidéis de ese viaje a Roma, porque...

Sin que LUIS pueda evitarlo, LOLO abre la caja rápidamente y mete su dinero dentro.

Lolo: Demasiado tarde, ya he pagado.

Berta, *a LUIS, suspicaz*: ¿Por qué esa insistencia? ¿Qué pasa? (*Silencio.*) ¿Estás tramando algo con Cortés, Pizarro y Valdivia?

Luis: No sé por qué dices eso.

Berta: Es lo que has hecho hasta ahora.

LOLO: ¡Oye, no le hables así a mi amigo! ¿A que se lo digo al delegado?

LUIS: Yo soy el delegado, Lolo.

LOLO: ¡Anda, es verdad!

LUIS: Hacedme caso y olvidaos del viaje a Roma. Y tú, Berta, hoy no pierdas de vista tu pupitre.

BERTA: ¿Por qué?

LUIS: No te lo puedo decir.

BERTA: ¡Te he preguntado por qué!

LUIS, *alterado*: ¡Ya te he dicho que no te lo puedo decir! ¿Por qué me lo queréis poner tan difícil? (*A LOLO.*) ¿Y tú por qué has tenido que meter el dinero en la caja? ¿Es que no sirve de nada lo que te digo? Somos amigos, ¿no? ¡Pues hazme caso! (*Saca el dinero de la caja.*) Toma, cógelo.

LOLO: ¡No!

LOLO lo vuelve a meter en la caja Entran en escena CORTÉS, PIZARRO, VALDIVIA y JESSICA. LOLO mira a JESSICA, prendado.

LOLO: Hola, Jessica. ¿Qué tal te ha ido el examen de recuperación?

Jessica, *sonríe*: Creo que bien. (*Ve que Cortés la mira mal y se pone seria. A Lolo:*) ¿Y a ti qué te importa?

Cortés, *a Lolo*: ¿Y tú por qué le hablas a Jessi, *pringao*?

Berta: ¿No te hartas nunca de meterte con la gente?

Cortés: ¿Qué haces tú aquí? ¡Lárgate y no molestes!

Berta: Este patio es tan mío como tuyo y me iré cuando me dé la gana.

Cortés, Pizarro y Valdivia se miran sin saber muy bien cómo reaccionar.

Cortés: Está bien, dejaré que te quedes un rato. ¡Pero sólo un rato! Total, por lo que te queda de estar aquí...

Cortés, Pizarro y Valdivia ríen.

Berta: ¿Por qué os reís?

Pizarro: Nada, cosas nuestras.

Cortés: ¿Y tú, Luis... no tendrías que subir ya a dejarle esa caja a la tutora?

Pausa. Luis no responde.

Cortés: Luis, te he hecho una pregunta.

Pausa.

Luis: No voy a hacerlo.

CORTÉS, PIZARRO y VALDIVIA lo miran, desconcertados, y después se miran entre sí.

CORTÉS: Me parece que no te he entendido bien. ¿Qué has dicho?

LUIS: He dicho que no voy a hacerlo. No pienso dejar todo este dinero en el despacho de Chusa para que luego vayas tú y te lo lleves. Ni permitiré que culpen a Berta.

BERTA, *sorprendida:* ¿A mí?

CORTÉS, PIZARRO y VALDIVIA lo miran, enfadados.

CORTÉS: ¿Te has vuelto loco? ¡Eres de nuestra pandilla! ¡Y la pandilla es lo más importante!

LUIS: Para mí ya no. Ahora para mí lo más importante es la confianza de mis compañeros. Me nombraron para que les defendiera y les protegiera. Les he fallado durante mucho tiempo para teneros a vosotros contentos. ¡Pero eso se acabó! ¡No permitiré que cojáis su dinero! ¡En esta caja hay un montón de esfuerzo y un montón de ilusión de muchas personas! ¡No dejaré que lo echéis todo a perder! ¡Ni permitiré que expulsen a Berta por algo que no ha hecho!

CORTÉS, enfadado, coge a LUIS por las solapas.

CORTÉS: ¡Escucha, *pringao*! ¡A mí nadie me habla así ni me lleva la contraria! ¿Queda claro? ¡O estás conmigo o estás contra mí! ¡Y el que está contra mí se acaba arrepintiendo!

BERTA: ¡Déjale en paz!

LOLO: ¡Eso! ¡Déjale en paz!

CORTÉS, *muy enfadado*: ¡¡Y vosotros no os metáis o acabaréis muy mal, os lo advierto!!

LUIS: Berta, Lolo, no os metáis. Ya sé defenderme yo solo.

CORTÉS: Eso ya lo veremos. Dame esa caja o te vas a arrepentir lo que te queda de vida. No te voy a dejar ni un hueso entero.

JESSICA: Cortés... a lo mejor Luis tiene razón y nos hemos pasado. Una cosa es pedir cincuenta céntimos por estar en el patio, o quitarle a alguien un móvil de vez en cuando... y otra es robar esa caja. ¡Ahí hay mucho dinero! ¡Demasiado!

CORTÉS: ¡Aquí el que dice si algo es demasiado o no soy yo! ¿Te enteras?

CORTÉS empuja a JESSICA. LOLO, enfadado, empuja irreflexivamente a CORTÉS.

LOLO: ¡Eh! ¡No la trates así! ¡Deberías estar orgulloso de tener una novia como ella!

CORTÉS empuja a LOLO con rabia. LOLO cae al suelo.

CORTÉS: ¿Cómo te atreves, *pringao*? ¡No sabes lo que has hecho! ¡Pizarro, *Endivia*, a por él!

CORTÉS, VALDIVIA y PIZARRO van hacia LOLO, amenazadores. LUIS se interpone, para defender a LOLO.

LUIS: ¡Ni se os ocurra! ¡Si queréis pegar a Lolo, tendréis que pasar por encima de mí! ¡Porque os aseguro que le pienso defender cueste lo que cueste!

BERTA: ¡Y yo!

BERTA se pone junto a LUIS, protegiendo a LOLO.

JESSICA: ¡Y yo!

JESSICA se pone junto a LUIS y BERTA, protegiendo a LOLO. CORTÉS, VALDIVIA y PIZARRO se quedan desconcertados.

PIZARRO: ¿Qué hacemos, jefe? No vamos a pegar también a tu novia.

VALDIVIA: Eso. Que si no luego nos crujes a nosotros.

CORTÉS: ¿Qué haces, Jessi? ¿Estás loca? ¡Apártate ahora mismo!

JESSICA: ¡No! ¡Me quedo aquí! ¡Si quieres ir a por Lolo, también tendrás que pasar por encima de mí!

CORTÉS: ¿De verdad vas a defender a ese *pringao*? ¿Pero por qué?

Jessica: Porque cuando me ve siente mariposas en el estómago... y hasta se olvida de respirar... ¡Y a ti nunca te ha pasado eso conmigo! Porque aunque yo vaya de chica dura, en el fondo sé que sólo soy una chica normal. ¡Y él me ve como si fuera una luz que ilumina la noche y me hace sentir especial! Y sobre todo le defiendo porque cuando tú me has empujado él ha corrido a defenderme aún sabiendo que tenía todas las de perder, porque no es tan fuerte como tú. ¡Eso sólo lo hace alguien que te quiere de verdad! Y tú en cambio me tratas como si fuera un juguete con el que sólo puedes jugar tú, no me tratas como una persona. ¡Pero Lolo sí!

Valdivia: No he entendido ni una palabra de lo que ha dicho. ¿De qué juguete habla?

Cortés: Yo sí lo he entendido. Y no me ha gustado nada. Eres una traidora. ¿Y qué hacemos con los traidores, Pizarro?

Pizarro: Los machacamos.

Cortés: Pues venga, ¿a qué esperamos? Sólo son cuatro pringados.

Luis: No. Somos más. Muchos más.

Pizarro: ¿Ah, sí? ¿Quién más hay?

Luis: Todos ésos.

Señala al público. Simultáneamente, se enciende luz de sala. CORTÉS, PIZARRO y VALDIVIA se giran y miran al público.

VALDIVIA: ¡Madre mía! ¿De dónde ha salido toda esta gente?

LUIS, *a los espectadores*: ¡Vamos! ¡Levantaos! ¡Demostradles que somos muchos, que estamos unidos y que no podrán con nosotros! ¡Y que no permitiremos que abusen de los más débiles!

BERTA: ¡Eso! ¡Levantaos! ¡Dad la cara! ¡Que vean que no les tenemos miedo!

BERTA baja al patio de butacas e invita a los espectadores a ponerse de pie, repitiendo estas frases u otras parecidas. LUIS, desde el escenario, también invita a los espectadores a levantarse con las frases indicadas o con otras parecidas.

VALDIVIA: Esto se está poniendo muy feo, jefe. Yo me largo.

VALDIVIA se va corriendo.

PIZARRO: Hay que reconocerlo, Cortés: ¡Se nos ha acabado el chollo! ¡Yo también me largo!

PIZARRO se va corriendo.

CORTÉS: ¡Esperad! ¡Volved! ¡Soy Cortés, nadie se puede meter conmigo!

Luis: Asúmelo, Cortés. Has perdido. Ya no tienes nada que hacer aquí. Ya no te tenemos miedo.

Cortés los mira, dudando. Mira al público, y finalmente también se va corriendo. Luis, Berta, Jessica y Lolo saltan y gritan de júbilo en el escenario con expresiones como «Bien» «Hemos ganado» «Les hemos vencido», etc.

Lolo: Jessica, todo eso que has dicho de mí... ¿lo pensabas de verdad?

Jessica: Sí. Y te diré otra cosa: (*Lo mira fijamente.*) yo también empiezo a sentir esas mariposas en el estómago.

Le da un beso.

Lolo: ¡Me ha besado! Esto... esto es un sueño, no puede estar pasando...

Va a desmayarse, pero los otros lo cogen antes de que se caiga, alarmados.

Luis: ¡Lolo!

Lolo: Tranquilos... ha sido la impresión. Me pondré bien.

Lo sientan en el banco. Jessica se queda con Lolo, ayudándole a recuperarse. Luis y Berta van al proscenio para hablar a solas.

LUIS, *ofreciéndole la caja*: Toma, la caja con el dinero. Cógela y llévasela a la tutora.

BERTA, *sin cogerla*: ¿Y por qué me la quieres dar a mí?

LUIS: Porque tú te mereces ser delegada más que yo.

BERTA: No, Luis. Hoy te has ganado el puesto. Te lo has ganado de verdad.

LUIS: ¿Tú crees?

BERTA: Claro que sí. Has dado la cara por nosotros y por defender lo que piensas que es justo. (*A JESSICA y LOLO.*) ¡Por nuestro delegado, chicos! ¡Un aplauso!

JESSICA Y LOLO, *al mismo tiempo*: ¡Por nuestro delegado!

BERTA, LOLO y JESSICA aplauden a LUIS.

OSCURO FINAL.

CONSEJOS PARA EL MONTAJE DE LA OBRA

En EL DELEGADO se muestran espacios realistas, que el público puede reconocer fácilmente con unos pocos elementos significativos. Además uno de los espacios, el patio, se repite en el Primer Acto y en el Tercer Acto, y eso facilita las cosas

Con un banco a un lado del escenario y un segundo banco al otro lado, ya puede darse la sensación de que estamos en el patio de un centro escolar. Si, además, se escucha de fondo una grabación con gritos de alumnos que juegan a fútbol o a cualquier otro deporte de equipo durante el recreo, el efecto será aún más realista. Sobre todo cuando Lolo entra a buscar el balón que ha cruzado el escenario.

La habitación de Luis, que aparece en el Segundo Acto, se puede adornar a voluntad con lo que os apetezca. Los requisitos mínimos serían una cama y una mesa, en la que Luis tiene la maqueta del barco, a medias. Si se quieren poner más maquetas, aunque ya estén terminadas, dará realmente la sensación de que Luis puede pasar el rato haciendo eso, sin necesidad de recurrir a los videojuegos.

En cuanto a la Sala de Actos donde Berta y Luis ensayan sus discursos, y en la que después se dirigen a los espectadores, puede ser perfectamente el espacio desnudo del lugar donde se representa la obra, es decir, la propia sala de actos o teatro. Sólo hará falta que, en el momento de los discursos, se enciendan las luces de la sala o los focos iluminen al público, y a Cortés y sus compinches, mientras ordenan a los espectadores que silben o que aplaudan.

Esta escena de la Sala de Actos es importante para la obra, porque prolonga lo que sucede desde el escenario al patio de butacas, involucrando al público y haciéndole partícipe y cómplice de lo que está pasando en escena. En resumen: es una manera de transmitir que los problemas de los que habla la obra afectan también al espectador, y que sus decisiones son cruciales para que las cosas se solucionen o empeoren. Que es lo que acaba pasando porque al final se supone que la mayoría del público vota —libremente o bajo amenaza— al candidato del grupo del Cortés.

Esta implicación del público se hace aún más patente al final de la obra, cuando se le pide que se ponga de pie para demostrar a Cortés y sus compinches que Luis y Berta no están solos, que hay mucha gente apoyándoles.

La experiencia me ha enseñado que a los espectadores les gustan estas situaciones participativas, donde los personajes y los acontecimientos bajan del escenario para implicarlos en la obra. Y es importante que en el momento de los discursos de los candidatos a delegado se interactúe de forma muy activa con el público, no sólo para dar una dimensión festiva y participativa a la obra sino también para preparar al espectador para su intervención final, que es crucial para cerrar la historia que se cuenta.

En cuanto a los cambios de decorado entre escena y escena, se pueden realizar en la penumbra mientras suena música. Pero también se pueden pasar diapositivas o vídeos que muestren una de estas dos posibilidades (o ambas, si se desea):

1. Situaciones recreadas por los propios actores, sobre todo Cortés y su pandilla, donde se les ve burlándose de un compañero o ejerciendo su abuso.

2. Mostrar simplemente situaciones propias de un centro escolar: una clase en el gimnasio, en el laboratorio, en el aula, movimiento en los pasillos entre clase y clase, alumnos en el patio durante el recreo... Eso ayudará a que el espectador se identifique más con lo que se está contando.

Y también podéis no hacer caso a estas sugerencias y optar por vuestras propias propuestas, naturalmente.

Este libro,
impreso
los talleres de Gráficas Arrels
de la ciudad de Tarragona,
fue terminado
el día 18 de abril del 2025

Volums publicats:

Textos a part
Teatre clàssic

Textos a part
Teatre per a joves

Textos aparte
Teatro pera jovenes

Textos aparte
Teatro contemporáneo